Amuses

Een amuse is niet zomaar een voorafje, maar een visitekaartje van de kok. Als u mensen te eten krijgt en er echt iets bijzonders van wilt maken, besteed dan eens extra aandacht aan de amuses. Uw gasten zullen ongetwijfeld diep onder de indruk zijn van de smaaksensatie en van de prachtige aanblik.

vlees 5

vis 21

vegetarisch 48

register 63

vlees

doperwtensoep

300 g doperwten
2 dl groentebouillon
2 dl slagroom
zout
40 g katenspek, in plakken

Bak de plakken katenspek in 7-8 minuten krokant in een op 160 °C voorverwarmde oven.
Breng de bouillon met de doperwten aan de kook, voeg de slagroom toe en laat de soep zachtjes doorkoken tot de doperwten gaar zijn. Pureer de soep in de keukenmachine of met de staafmixer, zeef hem en breng op smaak met zout.
Klop de soep vlak voor het serveren nog even schuimig met de staafmixer.
Garneer met het krokant gebakken spek.

vlees

gazpacho
van tomaat en groenten

1 komkommer
4 vleestomaten
1 rode paprika
1 groene paprika
1 ui
1 teentje knoflook
5 dl groentebouillon
2 dl tomatensap
4 plakken mager rookspek
zout

Maak alle groenten schoon of pel ze en snijd ze grof. Maal de stukken met de knoflook fijn in de keukenmachine. Voeg de bouillon en het tomatensap toe en breng op smaak met zout. Laat de soep koud worden in de koelkast.
Bak het rookspek in ongeveer 5 minuten krokant in een op 160 °C voorverwarmde oven. Garneer de koude gazpacho ermee.

lamsentrecote met lamsoor en lamssaus

10 g boter
200 g lamsfilet, met het vet er nog aan
150 g aardappelen
20 ml melk
100 g lamsoor (groente)
20 ml sojaolie, plus wat extra voor het vlees
peper en zout

LAMSSAUS:
500 g lamsbotten
2 l koud water
bouquet garni van 50 g

Breng voor de saus de botten met het water aan de kook. Schuim af, voeg het bouquet garni toe en laat alles ongeveer 6 uur trekken. Zeef de saus door een passeerdoek en laat hem dan op laag vuur inkoken tot een mooie vleessaus.
Smelt de boter met een druppel olie in een koekenpan met antiaanbaklaag. Braad het vlees op middelhoog vuur goudbruin. Laat het vlees rusten op een warme plek.
Kook de aardappelen in water met wat zout gaar. Wrijf ze door een zeef, voeg de melk toe en roer tot een smeuïge massa.
Stoof de lamsoor kort in de sojaolie – geen zout toevoegen!
Bak de lamsfilet nog 2 minuten in een op 180 °C voorverwarmde oven. Snijd het vlees in plakjes en dien op met de saus en de lamsoor.

serranoham en paddenstoelen in gelei

2 dl runderbouillon
4 g bladgelatine
50 g oesterzwammen
50 g shiitakes
200 g serranoham
5 g fijngesneden bieslook
1 eetlepel olijfolie
peper en zout

Verwarm de runderbouillon, los de gelatine op in de warme bouillon en breng op smaak met peper en zout.
Snijd de oesterzwammen en shiitakes in kleine blokjes en bak ze in een koekenpan even aan in de olijfolie. Breng op smaak met peper en zout.
Snijd de serranoham in kleine blokjes. Doe de serranoham in glaasjes, leg daarop de paddenstoelen en leg er tot slot het bieslook op.
Vul de glaasjes met bouillon en zet ze in de koelkast tot de gelei gestold is.

vlees

soesjes gevuld met eendenlevermousse

SOEZENDEEG:
1 dl water
75 g bloem, gezeefd
75 g roomboter
150 g eieren

EENDENLEVERMOUSSE:
4 g bladgelatine
30 ml runderbouillon
30 ml rode port
1,6 dl slagroom
200 g eendenlever
peper en zout

Week voor de mousse de bladgelatine in koud water tot hij zacht is. Breng de runderbouillon met de rode port aan de kook. Doe de geweekte gelatine erbij en roer tot hij opgelost is. Haal de pan van het vuur.
Klop de slagroom half op, zodat hij lobbig wordt. Snijd de eendenlever in stukken en maal ze fijn in de keukenmachine. Doe de koude bouillon erbij, voeg peper en zout toe en maal alles glad. Wrijf de massa door een zeef en voeg de geklopte room toe. Laat de mousse afgedekt een nacht opstijven in de koelkast.
Breng voor de soesjes het water met de boter aan de kook. Voeg de bloem toe en roer met een plastic spatel tot het mengsel een bal vormt.
Laat het deeg in een paar minuten op laag vuur gaar worden. Laat het deeg dan afkoelen tot 80 °C. Voeg de eieren toe en roer net zolang tot de massa glad is.
Doe het deeg in een spuitzak en spuit rondjes op een bakplaat. Bak de soesjes in ongeveer 17 minuten in een op 160 °C voorverwarmde oven goudgeel en luchtig.
Doe de koude mousse in een spuitzak, maak aan de onderkant van de soesjes een inkeping en vul ze met de mousse.

steak tartare op klassieke wijze

2 sjalotten
3 augurken
4 plakken mager rookspek
200 g tartaar van ossenhaas
50 ml olijfolie
4 eidooiers
25 g kappertjes
peper en zout

Maak de sjalotten schoon en snipper ze fijn. Snijd de augurken in fijne blokjes. Leg de plakken rookspek op een bakplaat en bak ze goudbruin in een op 160 °C voorverwarmde oven.
Maak de tartaar aan met peper en zout en de olijfolie.
Verdeel de tartaar in vieren en schik elke portie (met behulp van een vormpje) op een bord. Maak een kuiltje in de tartaar en leg daar een eidooier in. Garneer met kappertjes.

vlees

sandwich van gebraden entrecote met lardospek en serranoham

200 g gebraden runderentrecote (of rosbief)
100 g serranoham, in plakjes
100 g lardo (Italiaans spek), in plakken

1 dl balsamicoazijn
50 g mesclun (sla)
1 eetlepel olijfolie
zout en peper

Bekleed een vierkante vorm van circa 25 x 25 cm met plasticfolie. Leg hierop de plakjes entrecote; ze moeten goed aansluiten.
Leg hierop de plakken lardo, dan de serranoham en vervolgens weer entrecote.
Maak dus laagjes.
Dek af met plasticfolie en druk met de handpalm aan. Laat dit circa 45 minuten opstijven maar niet helemaal bevriezen in de vriezer.
Haal dit uit de vorm, leg het op een snijplank met het plastic eromheen en snijd vierkanten van 5 x 5 cm.
Haal het plastic er goed af en bestrooi licht met peper en zout.
Kook de balsamicoazijn in tot siroop en laat deze afkoelen.
Maak sla aan met olijfolie en zout. Leg de sandwiches op een bord met saladebouquet en garneer met de balsamicosiroop.

aardappelrösti
met tartaar van verse zalm

150 g geschilde aardappelen
200 g verse zalmfilet
2 eetlepels olijfolie, plus extra voor het bestrijken
1 takje dille
1 takje dragon
50 ml crème fraîche
peper en zout

Rasp de aardappelen grof op een groenterasp.
Verwarm een koekenpan met antiaanbaklaag en bestrijk de pan met olijfolie.
Schep de geraspte aardappelen in hoopjes in de pan en druk ze goed aan, tot u koekjes van circa 5 cm doorsnee heeft. Bak ze aan weerszijden goudbruin.
Snijd de verse zalm in kleine blokjes (brunoise), meng de olijfolie erdoor en breng op smaak met peper en zout.
Snijd de kruiden fijn, roer ze met wat peper en zout door de crème fraîche en schep dit op de zalm. Serveer bij de aardappelrösti.

aardappelsoep met gerookte paling

200 g geschilde aardappelen
3 dl groentebouillon
5 dl slagroom
100 g gerookte paling (filet)
zout
½ stokbrood
30 ml olijfolie

Kook de aardappelen gaar in de groentebouillon. Voeg de slagroom toe en breng alles weer aan de kook. Pureer de soep, wrijf hem door een zeef en breng op smaak met zout.
Snijd van het stokbrood zo lang mogelijke toastjes, allemaal even dik. Bak ze in ongeveer 10 minuten goudbruin in een op 160 °C voorverwarmde oven en laat ze afkoelen.
Warm de soep voorzichtig weer op. Blijf goed roeren, want de soep brandt gauw aan!
Beleg de toastjes met de gerookte paling en geef ze bij de soep.

avocadocrème
met Hollandse garnalen

1 rijpe avocado
2 eetlepels mayonaise (zie onder)
150 g Hollandse garnalen, gepeld
peper en zout

MAYONAISE:
2 eidooiers
mespuntje zout
1 theelepel mosterd
3 dl sojaolie
2 eetlepels wittewijnazijn

Zorg dat de ingrediënten voor de mayonaise op kamertemperatuur zijn. Doe de eidooiers in een kom. Voeg een mespuntje zout en de mosterd toe en klop alles door elkaar. Klop de azijn erdoor.
Voeg dan al kloppend heel langzaam de olie toe, zodat de dooiers alle olie opnemen en er een romige substantie ontstaat.
Schil de avocado, verwijder de pit, pureer het vruchtvlees in de keukenmachine en wrijf het door een zeef. Spatel 2 eetlepels mayonaise door de avocado en breng op smaak met peper en zout.
Maak de garnalen aan met wat olijfolie en serveer de avocadocrème erbij.

vis

broodring gevuld met bieten-haringsalade

½ palissadebrood (bijv. 'Céréales' van Carl Siegert)
100 g rode bieten, schoongemaakt
200 g (nieuwe) haring
enkele sprietjes bieslook
peper en zout

Leg het palissadebrood kort in de diepvries, tot het licht aangevroren is, en snijd het (met een snijmachine) in dunne plakken. Buig de plakken om tot een broodring en zet ze vast met cocktailprikkers. Bak de ring in een op 160 °C voorverwarmde oven tot het brood goudbruin is.
Snijd de bieten en haring fijn en breng ze op smaak met peper en zout.
Leg de broodring op een bord, vul hem met de salade en garneer het geheel met fijngeknipt bieslook.

gamba's met wittewijnsabayon en kwartelei

1 dl witte wijn
50 ml wittewijnazijn
1 sjalot, gesnipperd
2 eidooiers
4 gamba's
1 eetlepel olijfolie
4 kwarteleieren
2 sprietjes bieslook
peper en zout

Doe de witte wijn, azijn en sjalot in een pan en laat de vloeistof met een derde inkoken. Zeef de vloeistof en laat afkoelen. Doe de 2 eidooiers in een pan, voeg de afgekoelde vloeistof toe en zet de pan in een grotere pan met warm water (au bain-marie). Klop de massa met een garde tot een gare, luchtige sabayon. Breng op smaak met peper en zout.
Pel de gamba's en bak ze in de olijfolie. Breng op smaak met zout.
Bak de kwarteleitjes op laag vuur in een pan met antiaanbaklaag; de dooiers moeten zacht blijven.
Serveer de gamba's op bordjes. Schep de sabayon erover en leg op elke gamba een gebakken kwarteleitje. Garneer met fijngeknipt bieslook.

gerookte zalm met augurkencrème en babyspinazie

30 g crème fraîche
75 g augurken
150 g gerookte zalm, in plakken
20 g babyspinazie
1 eetlepel olijfolie
1 takje dille
peper en zout

Klop de crème fraîche op. Snijd de augurken in fijne blokjes (brunoise) en dep ze droog.
Doe de blokjes augurk bij de crème fraîche en breng op smaak met peper en zout.
Vorm quenelles van de augurkencrème en garneer de plakken gerookte zalm ermee.
Maak de babyspinazie aan met de olijfolie en leg ze op de zalm, naast de augurkencrème. Garneer met dille.

oesters met komkommer, bieslook en beurre blanc

4 oesters
1 dl witte wijn
1 sjalot, gesnipperd
1 komkommer
1 dl slagroom
¼ bosje bieslook
50 g roomboter
peper en zout

Kook de oesters in de witte wijn met de sjalot. Laat een derde van de wijn verdampen, haal de oesters eruit, voeg de slagroom toe en laat de saus inkoken. Voeg de roomboter toe en breng op smaak met peper en zout.
Druk de saus door een zeef.
Schil de komkommer, schep het zaad eruit en snijd het vruchtvlees in blokjes (brunoise). Verwarm de blokjes komkommer en breng op smaak met peper en zout.
Open intussen de oesters en snijd ze los van de schelp. Verwarm de schelpen in de oven, leg de blokjes komkommer erin, leg daarop de oester en schep er een beetje saus over.

ossenhaas
met mosterd en ansjovis

150 g plakjes ossenhaas van ca. 0,5 cm dik
20 g grove mosterd
20 g babyspinazie
4 eetlepels olijfolie
50 g ansjovis (gezouten)
peper en zout

Bestrijk de ossenhaas aan de bovenkant met de mosterd en bestrooi met peper en zout.
Maak de babyspinazie aan met de olijfolie. Garneer de ossenhaas met de spinazie en ansjovis.

rode mul
met gebakken asperges

150 g geschilde asperges
enkele sprietjes bieslook
4 mulfilets (ontgraat)
20 ml sesamolie
peper en zout

Snijd de asperges in zeer dunne reepjes (julienne) en het bieslook ragfijn.
Doe een druppeltje olie in een pan en bak de aspergejulienne hierin. Doe op het laatst het bieslook erbij en voeg peper en zout toe.
Bak de mulfilet aan de filetzijde in een koekenpan met antiaanbaklaag. Leg de filet dan op een bakplaat met de velzijde omhoog en laat hem in een op 180 °C voorverwarmde oven in 2-3 minuten verder gaar worden.
Besprenkel de gebakken asperges met sesamolie en leg daar de mul op.

tonijnspiesen met gedroogde tomaten en sesam

4 verse tomaten (of neem 4 zongedroogde tomaten)
5 ml olijfolie
200 g verse tonijn
50 ml sojasaus
20 g sesamzaad
1 takje koriander, fijngesneden
peper en zout

Indien u de tomaten zelf droogt: snijd de verse tomaten in vieren, schep het zaad eruit, leg de tomaten op een bakplaat en besprenkel ze met de olijfolie. Bestrooi met peper en zout. Laat de tomaten 1 uur drogen in een op 80 °C voorverwarmde oven en laat ze dan afkoelen.
Snijd de tonijn in blokjes van 3 x 3 cm en laat ze een paar minuten marineren in de sojasaus. Wentel ze dan door het sesamzaad.
Steek de tomaten en tonijn aan cocktailprikkers, besprenkel ze met de sojasaus en bestrooi met de koriander.
Serveer de spiesen.

weckpotje
met tomatenbouillon en inktvis

4 tentakels van octopus
40 ml witte wijn
1,5 l groentebouillon
8 vleestomaten, in stukken
2 sprietjes bieslook
zout

Breng de tentakels in een pan met de witte wijn en water aan de kook (voeg zo veel water toe dat ze onderstaan) en houd ze gedurende 2 uur net tegen de kook aan, tot ze gaar zijn. Laat ze afkoelen en snijd ze in plakjes.

Laat de groentebouillon met de gesneden tomaten ongeveer 30 minuten op laag vuur trekken en zeef hem daarna door een doek. Breng op smaak met zout.

Serveer de bouillon lauw in een weckpotje met de ringen inktvis. Garneer met fijngeknipt bieslook.

terrine van zalm met Hollandse garnalen en verse kruiden

300 g gerookte zalm (plakken)
200 g Hollandse garnalen
1 dl slagroom
4 blaadjes gelatine
1 takje dragon
1 takje dille
¼ bos bieslook
zout
50 ml crème fraîche
zout en peper

Breng de slagroom aan de kook en voeg naar smaak zout toe.
Week de gelatine in koud water totdat hij zacht is, en voeg hem toe aan de room.
Roer goed door. Laat de room afkoelen tot lichaamstemperatuur.
Hak de kruiden en voeg ze aan de room toe.
Bekleed een patévorm met plasticfolie. Bekleed de binnenkant van de vorm met de plakken zalm. Laat de zalm over de rand hangen; als de vulling erin zit, moet het geheel met zalm worden afgedekt.
Mocht de patévorm te groot zijn, dan kunt u van karton een tussenschot knippen en dat bekleden met aluminiumfolie.
Doe de Hollandse garnalen bij de room en vul de patévorm af.
Vouw de zalm over het geheel, dek af met plasticfolie en laat in de koelkast circa 8 uur opstijven.
Haal de paté eruit en snijd hem in plakken.
Breng de crème fraîche op smaak met peper en zout. Maak met de bolle kant van een lepel een spiegel op het bord en leg hierop de plakken terrine.

vis

bitterbal van rijst met gemarineerde coquilles en piccalillyschuim

400 g gekookte kleefrijst
50 ml slagroom
4 blaadjes gelatine
zout en peper

VOOR DE PANEERLAAG:
100 g bloem
100 g paneermeel
1 eiwit losgeklopt

8 coquilles zonder sluitspier en baard
3 eetlepels rodewijnazijn
6 eetlepels olijfolie
zout en peper

VOOR HET PICCALILLYSCHUIM:
2 dl gepureerde piccalilly (gezeefd)
50 ml mayonaise
1 dl room
zout

Breng de slagroom aan de kook. Week de gelatine in koud water. Voeg de gelatine als deze zacht is aan de room toe en roer goed door.
Voeg de room aan de kleefrijst toe en breng op smaak met zout en peper. Roer goed en laat dan in de koelkast verder afkoelen en opstijven.
Weeg porties van 15 g af, maak er balletjes van en paneer ze.
Haal de balletjes door bloem, dan door eiwit en tot slot door paneermeel. Frituur ze op ca. 180 °C.
Meng de olie en azijn en breng op smaak met zout en peper. Halveer de coquilles zodat er twee plakken ontstaan. Laat ze circa 30 minuten in de dressing marineren.
Haal de coquilles uit de marinade en leg ze op een bord. Leg hierop de warme bitterbal.
Voor het piccalillyschuim: meng alle ingrediënten, roer ze goed door en breng op smaak met zout.
Vul een slagroomspuit met schuim. Spuit op het laatste moment het schuim bij de coquilles.

gefrituurde asperges in loempiavel met beignets van gerookte paling

10 witte asperges, geschild, even dik
10 loempiavellen
200 g gerookte aalfilet
4 eetlepels olijfolie
100 g tempurameel
water (koud)

Leng het tempurameel met water aan tot yoghurtdikte. Roer goed tot de massa glad is.
Kook de asperges in water met zout. Dek ze af en zorg dat alle asperges goed onder water blijven. Breng aan de kook, laat circa 5 minuten doorkoken. Haal ze dan van het vuur en laat ze in het vocht afkoelen.
Haal de asperges uit het vocht en laat ze op een keukendoek drogen.
Rol de asperges in loempiavellen. Bestrijk de punten met een kwast met tempurabeslag in en plak ze dicht. Frituur ze op ca. 180 °C goudgeel.
Snijd van de paling lange repen en haal ze door het tempurabeslag. Frituur ze ook op circa 180 °C en besprenkel ze met olijfolie.

vegetarisch

cappuccino van aardbeien met aardbeienlikeur

50 ml suikerwater (zie onder)
200 g aardbeien
1 dl slagroom
40 ml aardbeienlikeur
1 takje munt

SUIKERWATER:
1 dl water
100 g suiker

Breng voor het suikerwater het water met de suiker aan de kook en laat het afkoelen.
Pureer de aardbeien met het suikerwater in de keukenmachine. Klop de slagroom half op, zodat hij lobbig wordt.
Schenk de aardbeienlikeur in champagneglazen, doe daarop de aardbeienmassa en dek dit vervolgens af met de room, zodat er drie lagen ontstaan.
Garneer met munt.

geitenkaastruffels met pistachenoten

200 g zachte, jonge geitenkaas
50 ml slagroom
50 g gepelde pistachenoten, gemalen
10 ml walnotenolie
peper en zout

Roer de geitenkaas met de slagroom tot een smeuïg geheel en breng op smaak met peper en zout.

Maak met een ijsbolletjestang kleine bollen van de romige massa en rol de ballen door de gemalen pistachenoten tot ze mooi rond zijn. Sprenkel er wat walnotenolie over.

vegetarisch

parmezaanse wafel met gegratineerde geitenkaas en honing

150 g Parmezaanse kaas, fijn geraspt
2 Crottins de Chavignol (harde kleine geitenkaasjes)
2 eetlepels honing
20 g friseesla
20 g babyspinazie
2 eetlepels olijfolie
peper en zout

Maak op een bakplaat rondjes van de geraspte Parmezaanse kaas, ongeveer 6 cm in doorsnee. Bak ze in een op 180 °C voorverwarmde oven in ongeveer 5 minuten goudbruin.
Snijd de geitenkaasjes doormidden, bestrijk de helften met de honing en bak ze in de oven tot ze zacht zijn.
Leg de geitenkaasjes op de Parmezaanse wafels.
Maak de frisee en de spinazie aan met de olijfolie en peper en zout naar smaak, en garneer de wafels ermee.

vegetarisch

loempia's met doperwtenpuree en dilleroom

100 g doperwten
4 loempiavellen
1 eiwit, losgeklopt
1 takje dille
50 g crème fraîche
frituurolie
peper en zout

Kook de doperwten gaar in water met wat zout. Spoel ze koud af, pureer ze en wrijf ze door een zeef. Breng op smaak met peper en zout.
Leg de loempiavellen op een werkvlak. Doe er een streep doperwtenpuree op, bestrijk de vellen met eiwit en vouw ze dicht.
Snijd de dille fijn en meng het kruid door de crème fraîche.
Breng op smaak met peper en zout.
Frituur de loempia's ongeveer 4 minuten in frituurolie op 180°C en geef de dilleroom erbij.

vegetarisch

bavarois van tomaat met basilicum

10 g bladgelatine*
2 el tomatenpuree
2 eetlepels olijfolie
200 g verse tomaten
1 takje basilicum
1,5 dl slagroom (lobbig geklopt)

Week de bladgelatine in koud water tot hij zacht is.
Bak intussen de tomatenpuree zachtjes 2 tot 3 minuten met de olijfolie in een koekenpan om de puree te ontzuren; roer met een garde.
Voeg de gesneden tomaten toe en laat ze op laag vuur sudderen tot het vocht verdampt is.
Wrijf de tomaten door een zeef. Voeg de opgeloste gelatine toe en roer. Breng op smaak met peper en zout en laat de tomaten afkoelen.
Snijd het basilicum ragfijn en spatel het met de slagroom door de tomaat. Laat de bavarois opstijven in de koelkast.

*Of gebruik een vegetarisch alternatief.

vegetarisch

marshmallow van mango met cantuccinikruim

6 blaadjes gelatine*
150 g mangocoulis (of gepureerde mango), plus naar keuze wat extra ter garnering
125 g witte basterdsuiker
8 eiwitten
100 g cantuccini (Italiaanse amandelkoekjes)

Week de bladgelatine in koud water tot hij zacht is. Verwarm de mangocoulis met 75 g van de suiker. Doe de geweekte gelatine erbij en roer tot hij opgelost is. Klop de eiwitten in de keukenmachine stijf met de rest van de suiker. Spatel de mangocoulis door het eiwit en doe de massa in een vorm. Laat het mengsel opstijven op een droge, donkere, koele plek.
Maal de cantuccini fijn in de keukenmachine.
Snijd de opgestijfde marshmallow in blokjes en rol die door het koekjeskruim.
Garneer eventueel met extra mangocoulis.

*Of gebruik een vegetarisch alternatief.

vegetarisch

riz condé
(rijstpudding met passievrucht)

2 g bladgelatine*
60 g rijst
2 dl melk
80 g suiker
¼ vanillestokje
3 dl slagroom
4 passievruchten

Week de bladgelatine in koud water tot hij zacht is. Kook de rijst met de melk, 30 gram suiker en vanille op laag vuur al roerend gaar; bijna al het vocht moet verdampt zijn. Voeg de geweekte gelatine toe, roer hem erdoor tot hij geheel opgelost is en laat het geheel afkoelen.
Klop de slagroom stijf en spatel hem door de rijstmassa. Vul vormpjes met het rijstmengsel en laat de puddinkjes opstijven in de koelkast.
Schep de pulp met een lepel uit de passievruchten en breng de pulp met de resterende suiker aan de kook. Laat afkoelen en garneer de rijstpudding ermee.

*Of gebruik een vegetarisch alternatief.

vegetarisch

terrine van citrusfruit met limoensorbet

3 blaadjes gelatine*
1 rode grapefruit
1 gele grapefruit
2 handsinaasappelen
100 g suiker
4 bolletjes limoensorbet

Week de bladgelatine in koud water tot hij zacht is. Schil de grapefruits en sinaasappelen en snijd de partjes tussen de vliezen uit. Vang het sap dat daarbij vrijkomt op en meet 1,25 dl af in een maatbeker.
Breng het sap met de suiker aan de kook. Voeg de geweekte gelatine toe en roer tot hij opgelost is. Laat het mengsel afkoelen.
Doe het mengsel met de partjes citrusvruchten in een (paté)vorm en laat de terrine opstijven in de koelkast.
Serveer de terrine met bolletjes limoensorbet.

*Of gebruik een vegetarisch alternatief.

vegetarisch

groentebouillon

1 prei
1 winterwortel
2 bosuitjes
1 ui
5 dl water

Was voor de bouillon de prei, wortel en bosuitjes.
Pel de ui en snijd alle groenten grof. Zet ze op met het water en breng de bouillon aan de kook. Laat de bouillon 30 minuten op laag vuur trekken en zeef hem daarna.

register

A
aardappelrösti met tartaar van verse zalm 19
aardappelsoep met gerookte paling 20
aardbeien met aardbeienlikeur, cappuccino van 46
asperges in loempiavel met beignets van gerookte paling, gefrituurde 45
asperges, rode mul met gebakken 34
avocadocrème met Hollandse garnalen 23

B
bavarois van tomaat met basilicum 54
bieten-haringsalade, broodring gevuld met 24
bitterbal van rijst met gemarineerde coquilles en piccalillyschuim 42
broodring gevuld met bieten-haringsalade 24

C
cappuccino van aardbeien met aardbeienlikeur 46
coquilles en piccalillyschuim, bitterbal van rijst met gemarineerde 42

D
doperwtensoep 5

E
eendenlevermousse, soesjes gevuld met 12
entrecote met lardospek en serranoham, sandwich van gebraden 16

G
garnalen, avocadocrème met Hollandse 23
gamba's met wittewijnsabayon en kwartelei 27
gazpacho van tomaat en groenten 6
gefrituurde asperges in loempiavel met beignets van gerookte paling 45
geitenkaastruffels met pistachenoten 48
gerookte zalm met augurkencrème en babyspinazie 28
groentebouillon 62

L
lamsentrecote met lamsoor en lamssaus 9
loempia's met doperwtenpuree en dilleroom 52

M
marshmallow van mango met cantuccinikruim 57

O
oesters met komkommer, bieslook en beurre blanc 31
ossenhaas met mosterd en ansjovis 32

P
paling, aardappelsoep met gerookte 20
paling, gefrituurde asperges in loempiavel met beignets van gerookte 45
parmezaanse wafel met gegratineerde geitenkaas en honing 51

R
riz condé (rijstpudding met passievrucht) 58
rode mul met gebakken asperges 34

S
sandwich van gebraden entrecote met lardospek en serranoham 16
serranoham en paddenstoelen in gelei 11
soesjes gevuld met eendenlevermousse 12
steak tartare op klassieke wijze 15

T
terrine van citrusfruit met limoensorbet 61
terrine van zalm met Hollandse garnalen en verse kruiden 41
tonijnspiesen met gedroogde tomaten en sesam 37

W
weckpotje met tomatenbouillon en inktvis 38

Z
zalm, aardappelrösti met tartaar van verse 19
zalm met augurkencrème en babyspinazie, gerookte 28
zalm met Hollandse garnalen en verse kruiden, terrine van 41

colofon

In deze serie verschenen:

- AMUSES
- ASPERGES
- BUBBELS & BITES
- BUITEN ETEN
- CHINEES
- CHOCOLADE
- FEESTHAPJES
- IJS & DESSERTS
- INDONESISCH
- ITALIAANS
- JAPANS
- KERST
- KIDSKOOKBOEK
- KOFFIE
- ONTBIJT
- PASTA
- PESTO, DIPPERS EN SALSA'S
- SALADES
- SAUZEN & DRESSINGS
- SMOOTHIES
- STAMPPOT
- TAJINES & COUSCOUS
- TAPAS
- THAIS
- THEE
- WOK
- ZALM

Nieuwe titels in voorbereiding

Een uitgave van DE LANTAARN

Niets uit deze uitgave mag worden verveelvoudigd, opgeslagen in een geautomatiseerd gegevensbestand, of openbaar gemaakt, in enige vorm of op enige wijze, hetzij elektronisch, mechanisch, door fotokopieën, opnamen, of enig andere manier, zonder voorafgaande schriftelijke toestemming van de uitgever.
© 2010 De Lantaarn b.v., Soest

www.uitgeverijdelantaarn.nl

Recepten: Hans den Engelsen
Fotografie: Jan Bartelsmann
Redactie en productie Nederlandstalige uitgave: Vitataal
Ontwerp omslag en binnenwerk: www.zwietart.nl
NUR 440

BELANGRIJK: mensen met een zwakke weerstand (ouderen, zwangere vrouwen, jonge kinderen en mensen met een immuunziekte) kunnen beter geen rauwe eieren nuttigen.
* De gelatine die in een aantal recepten wordt gebruikt (aangegeven met een sterretje) kan naar keuze vervangen worden door een vegetarische variant als Agar-agar (bindmiddel uit zeewier, te koop bij toko's).